# 당신의 구원은 이미 정해졌는가?

KB210986

새생면 전도/교육 소책자 시리즈 09

## 당신의 구원은 이미 정해졌는가?

초      판 | 제 1쇄 2007.08.20
개정증보판 | 제 1쇄 2012.06.15


지은이 | 정성민
펴낸이 | 정성민
펴낸곳 | 푸른초장


등록번호 | 제387-2005-00011호(2005년 5월 17일)
소재지 | 경기 파주시 광탄면 분수리 350-3번지
TEL 031) 947-9753 (푸른초장), 010-6233-1545
출판유통 | 하늘유통 031) 947-7777,  FAX 031) 947-9753
인쇄처 | 예원

책값은 뒤표지에 있습니다.
ISBN 978-89-92017 44-8   03230

독자의 의견을 기다립니다.
sungjeong@hotmail.com

# 당신의 구원은 이미 정해졌는가?

ISYOURSALVATIONPREDETERMINEDBYGOD?

제 1 부: 오! 운명이여!

제 2 부: 축복받은 사람들의 이야기

개정증보판을 출간하면서

　새로운 신자를 위한 전도와 교육을 위해 새생명전도 10단계 시리즈를 출간하지 벌써 5년이 되었습니다. 그동안 많은 목회자를 통해서 이 책이 새신자의 전도와 교육을 위해서 유용하게 사용되어지고 있다는 소식을 접하였습니다. 정말 이 책을 사용하여 주시는 하나님께 감사할 따름입니다.

　본래 비신자들에게 복음을 전하기 위해 쓰여 진 [예수! 그가 다가온다]와 초신자들에게 기독교 신앙을 쉽게 설명해주기 위해 쓰여 진 [예수! 그를 만나다]를 통합하면서 새신자전도와 교육을 위한 10단계 시리즈를 만들게 되었습니다. 각각 주제에 맞는 부분들을 두 권의 책에서 뽑아서 10권의 소책자를 아래와 같이 구성하게 되었습니다.

　많은 분들이 인터넷 서점 독서평을 통해서 말씀해주신 대로 이 소책자 시리즈는 비신자들이 지니고 있는 기독교에 대한 의구심을 객관적으로 설명하였습니다. 또한 각각의 주제를 소책자 분량으로 편집하여 책을 읽는 즐거움을 더하였습니다.

　이 소책자 시리즈는 신앙의 기초가 약한 성도들에게도 체계적인 교리를 가르쳐주기에 새신자들을 위한 성경공부 안내서가 될 것입니다. 다음으로 다양한 주제를 다루고 있기에 비신자들의 진리에 대한 갈망을 해소 시켜줄 수 있습니다. 그래서 태신자 전도, 오이코스 관계전도, 그리고 알파코스와 같은 전도를 위한 다양한 프로그램이나 세미나에 유용한 책자가 될 수 있습니다. 아니면 대학부나 청년부 성경공부 교재로도 쓰일 수도 있음을 기억해주시길 바랍니다.

독자들의 이해를 돕기 위해 인터넷 서점 인터파크에 올려 진 소책자에 대한 서평 하나를 소개해드립니다.

*이 책은 소책자입니다. 크기도 작습니다. 분량이 적습니다. 그래서 아마 읽기 전에는 내용이 얇거나 부실 할 것으로 생각이 될 겁니다. 그러나 예상과 달리 내용은 상당히 좋습니다. 깔끔합니다. 핵심만 분명히 전합니다. 이 책(소책자 시리즈 4권)에서는 악의 문제를 잘 다루고 있습니다. 악의 문제에 대해 간결하게 핵심만 다룹니다. 그와 관련된 의심을 명쾌히 정리하고, 답변 해 줍니다. 시리즈의 제목은 '새생명 전도 시리즈' 라서 내용이 새신자 수준에 맞춰져 있을 것이라 예상 될 겁니다. 그러나 시리즈명과는 어울리지 않게 내용이 꽤 심도 있습니다. 그렇다고 많이 깊어서 이해하기 어려운 건 아닙니다. 너무 얇지도 않고 딱 좋습니다. 그래서 새신자는 물론 기존 신자도 읽으면 좋습니다. 악의 문제에 대해서 다른 책을 볼 필요 없이 이 책 한 권으로 기본적인 정리를 할 수 있을 것입니다.*
*[인터파크 서평 중에서]*

본 새신자전도 및 교육을 위한 10단계 시리즈는 새생명전도 10단계 시리즈의 개정증보판입니다. 이 개정증보판은 전체적인 내용이 원판과 거의 동일합니다. 하지만 설명이 더 필요한 곳에 좀 더 내용을 보강하였고, 각 권의 마지막 부분에 필요에 따라 부록을 첨부하였습니다. 각 권의 주제와 연관된 방송원고, 설교, 신학적인 글을 추가한 것입니다. 혹시 부록이 부담스럽거나 이해하기가 힘든 분들은 그냥 읽지 말고 넘어가시어도 좋습니다. 본 개정증보판은 책 표지와 내지의 디자인을 새롭게 구성하였습니다.

바라는 것은 이 소책자 시리즈가 한국교회의 부흥과 성숙을 위해 크게 쓰임 받는 것입니다. 마지막으로 이 모든 것을 허락해주신 풍성한 은혜의 하나님께 영광을 올립니다.

*"깊도다 하나님의 지혜와 지식의 풍성함이여, 그의 판단은 헤아리지 못할 것이며 그의 길은 찾지 못할 것이로다…. 이는 만물이 주에게서 나오고 주로 말미암고 주에게로 돌아감이라 그에게 영광이 세세에 있을지어다. 아멘." (로마서 11:33, 36)*

2012년 3월 20일

저자 정성민 교수

# CONTENTS

# 차 례

1

Oh! My Fate!

# 오!
# 운명이여!

2001년 9.11일 뉴욕의 아침, 내가 섬기던 교회의 성도들은 예배당에 모여 울면서 기도하였습니다. 왜냐하면 담임목사님의 아들인 데이빗이 쌍둥이 빌딩에서 일하는데, 연락이 두절되었던 것입니다. 그 날 아침, 뉴욕의 맨하탄은 아수라장이 되었고 전화도 불통이 되었습니다. 다행히 오후에 데이빗이 살아있다는 소식이 전해졌습니다. 그 때 우리 모두는 얼마나 안도의 한숨을 쉬었는지 모릅니다.

뒤늦게 알게 된 사실이지만, 그가 살아난 것은 아침에 늦잠을 잤기 때문이었습니다. 그는 평소와는 달리 그 날 늦잠을 자고 조금 늦게 출근했습니다. 전철에서 내려서 쌍둥이 빌딩으로 향하는데 수백 명의 사람들이 정신없이 우르르 도망치듯 달리는 것이었습니다.

데이빗은 순간적으로 사태의 긴급함을 느끼면서 그들을 따라 사력을 다해 뛰었습니다. 알고 보니 자신이 근무하는 쌍둥이 빌딩이 그 순간에 무너져 내린 것입니다. 5-10분 차이로 늦게 출근한 것이 그의 생명을 살린 것입니다. 실수로 늦잠을 잔

것이 그를 구한 것이었습니다.

과연 인간의 운명은 미리 정해진 것일까요? 아니면 전적으로 인간의 의지에 달렸을까요?

인간의 운명이 하나님에 의해 완전히 정해져 있다면, 인간의 삶은 참으로 비참해집니다. 왜냐하면 인간은 단지 정해진 각본 대로 움직여야하는 연극배우에 불과하거나 정해진 컴퓨터 프로그램대로만 움직이는 로봇에 불과하기 때문이죠. 결국 정해진 운명으로 인해 인간은 자신의 자유를 빼앗기는 것입니다.

반대로 정해진 운명이란 본래 없는 것이고, 인간의 미래가 인간 스스로의 불굴의 개척정신과 노력에 의해 좌우된다면, 과연 인간의 삶은 비참한 상태를 벗어나게 되는 것일까요? 정해진 운명이 없다는 것은 이 세상은 단지 우연에 의해 지배된다는 것입니다.

정해진 운명이 없는 우연한 세상은 인간의 자유를 보장하지만, 불확실한 미래로 인해 불안하게 되고, 더 나아가 사후세계에 대한 보장도 사라지면서 인간의 삶은 단지 죽음으로 끝나버리는 허무한 존재가 됩니다.

여러분들의 생각은 어떠하십니까? 과연 인간의 운명은 하나님에 의해 이미 정해져 있는 것일까요? 아니면 인간은 자신의 운명을 스스로 조절할 수 있는 자유가 있을까요?

이제부터 기독교적 운명론을 살펴보도록 하겠습니다.

## 당신의 운명은 이미 정해져 있는가?

기독교적 운명론은 예정론입니다. 예정론은 하나님이 천국에 갈 자와 지옥에 갈 자를 미리 선택하셨다는 신앙입니다. 예정론은 성도들이 가장 관심을 갖는 기독교 교리 중 하나이지만 기독교 신앙의 모든 교리 중 가장 당혹스럽고 난해한 교리이기도 합니다.

때론 신학자들에게조차도 "예정이냐 아니면 자유의지냐"며 신학적으로 따지는 것이 탁상공론처럼 느껴질 때도 있습니다.

왜냐하면 예정론은 인간이 알 수도 이해할 수도 없는 초월적인 하나님의 영역을 다루기 때문입니다.

　과연 하나님은 천국에 갈 자와 지옥에 갈 자를 미리 선택하셨을까요? 그럼 이제부터 성경에 나타난 예정론을 살펴보도록 하겠습니다.

　성도는 하나님의 전능하심과 전지하심을 믿는 사람들입니다. 전지전능하신 하나님은 자신의 뜻대로 세상을 창조하셨고, 인류의 역사를 주관하시며, 인간의 구원을 전개해 나가십니다. 하나님은 세상만사를 자신의 뜻대로 이끌어 갈 능력과 권한을 갖고 있는 분입니다. 하나님의 무한하신 능력에 기초한 하나님의 권한은 무제한적입니다. 이러한 하나님의 권한을 우리는 하나님의 주권이라고 부릅니다.

　하나님의 주권은 구원받을 자를 미리 선택하실 수 있는 권한을 포함합니다. 하나님은 자신의 주권을 통해서 예수를 믿을 자와 믿지 못할 자를 미리 정하실 수 있습니다. 우리는 성경에 나와 있는 말씀을 통해 이러한 예정론을 직접적으로 파악할 수 있습니다.

예정론은 사도 바울의 가르침에서도 발견됩니다. 바울은 하나님께서 특별한 은총을 가지고 예수를 믿을 사람들을 미리 선택하신다는 선택사상을 주장하고 있습니다.

그런데 우리는 '선택받은 성도들의 입장으로는 기쁘고 감사할 일이지만, 선택받지 못한 사람들은 어찌 되는 것인가?'라는 의문을 갖게 되죠. 선택받지 못한 사람의 입장에서 보자면 하나님은 불공평하신 분이요 편애하시는 분입니다.

특정한 사람을 선택하시는 하나님은 불공평한 하나님이라고 비난하는 사람들에게 사도 바울은 하나님의 주권을 내세웁니다. 전지전능한 하나님의 주권은 구원받을 자를 미리 예정할 수 있는 충분한 권한이 있다는 것입니다. 바울은 로마서 9장 전체를 통해 하나님의 주권과 그로 인한 선택을 가르칩니다.

"그러나 사람이 무엇이기에 감히 하나님께 말대꾸한단 말입니까? 토기그릇이 자기를 만든 사람에게 '나를 왜 이렇게 만들었소?'라고 말할 수 있습니까? 토기 그릇을 만드는 사람이 똑같은 진흙으로 귀하게 사용할 그릇과 천하게 사용할 그릇을 만들 권한이 없단 말입니까?" (롬 9:20-21)

이제 우리는 예정론이 그 누구도 부인할 수 없는 성경적인 사실임을 알게 되었습니다.

우리의 미래가 하나님의 손 안에 있다는 사실은 피조물인 우리에게 안심과 평안을 가져다줍니다. 에스라 선지자는 "나의 하나님 여호와께서 나를 도와주셔서 용기를 얻었습니다. (스 7:28)"라고 말하면서 하나님의 섭리와 인도하심 속에 있는 삶이 얼마나 힘이 되는지를 고백합니다.

하나님이 특별한 계획을 가지고 나를 이 땅에 보내셨다는 믿음은 나에게 세상을 살아가야 할 이유를 제공해 줄 뿐만 아니라 인생의 의미를 부여해 줍니다. 더 나아가 이 세상에서 내가 해야 할 일이 무엇인가를 찾아 그 일을 성취하고자 하는 사명감까지 생기게 됩니다.

또한 선택사상은 하나님이 나를 특별하게 사랑하신다는 은총에 감격하게 만듭니다. 아무나 예수를 믿는 것이 아니라 선택된 사람만이 예수를 믿을 수 있는데, 내가 그 선택받은 사람이라는 사실은 우리 자신에 대한 자존감과 자신감을 회복하게 할 뿐 아니라 하나님의 은총에 감격하며 감사하게 합니다.

## 예정론, 그럼 인간에게 자유는 없는가?

### 풋내기 신학생의 고난

내가 다닌 신학대학은 웨슬리적인 전통을 갖고 있는 신학교였습니다. 대부분의 신학생들이 절대적 예정론보다는 인간의 자유의지를 주장하였습니다. 그런데 나는 신입생 시절에 로마서 9장에 나타난 바울의 예정론에 심취해 있었습니다. 어설프게 예정론적인 생각을 하게 된 초보 신학생으로서 내가 겪어야할 강력한 저항과 그로 인한 격렬한 논쟁은 이미 예고된 것이었습니다.

당시에 내가 속한 취미그룹은 선교를 위해 영어와 독어를 함께 공부하는 "세계선교회"이었습니다. 당시 3학년 선배가 1학년생들을 맡아서 독일어를 가르쳐주었습니다. 어느 날 오후 공부를 마치고 나서 선배와 나는 자연스럽게 예정과 자유의지에 대해서 토론하게 되었습니다. 선배는 예정론이 지닌 문제점과 인간이 소유한 자유의지의 중요함에 대해서 말했습니다.

　나는 비록 풋내기 신학생이었지만 그동안 갈고 닦은 실력을 바탕으로 하나님의 주권과 그로 인한 예정론의 정당성을 피력하였습니다. 그러자 화기애애하던 분위기는 점차 싸늘해져만 갔습니다. 결국 그 선배는 내가 갖고 있는 신학적 위험성을 비난하며 공갈 협박의 수준에서 대화를 마무리 지었습니다. 그래도 그것으로 성이 풀리지 않았는지 주먹으로 나의 등짝을 힘껏 때렸습니다. 그리고 그는 이 한마디를 던지며 교실을 빠져나갔습니다.

　"그래! 이것도 예정되었다. 됐냐?"
　(자신이 화가 나서 나를 주먹을 때린 것조차도 예정이 되었다는 의미)

## 성경에 나타난 자유의지

　예정론이 철저하게 성경에 기초하고 있는 것처럼, 인간의 자유의지 역시 그러합니다. 예수를 영접하는 데에 있어 인간의 의지적인 선택이 필요합니다. 성경은 하나님께서 모든 사람들이 구원받기를 원하신다고 진술하고 있습니다.

베드로는 하나님께서 죄인들이 회개치 않아서 멸망당할 것을 원치 않으신다고 말합니다. "우리 주님은 하시기로 약속하신 것을 뒤로 미루시는 분이 아닙니다. 어떤 사람들은 더디다고 생각할지도 모릅니다. 그러나 이것은 하나님께서 우리를 위해 오래 참으시기 때문입니다. 하나님께서는 한 사람이라도 멸망치 않고 모두 회개하고 돌아오기를 바라고 계십니다." (베드로후서 3:9)

바울도 이와 똑같은 주장을 합니다. "하나님께서는 모든 사람이 구원 받기를 원하십니다. 또한 모든 사람이 진리를 알기를 원하십니다." (디모데전서 2:4)

구약성경에 보면 하나님이 제안하시는 구원은 인류를 향한 우주적인 초대임을 알 수 있습니다.

"너희 목마른 사람아, 다 와서 마셔라. 돈이 없는 사람도 와서 마셔라. 포도주와 우유를 마시되 돈 없이, 값없이 와서 마셔라.

어찌하여 너희는 진정한 음식이 못되는 것을 위하여 돈을 쓰느
냐? 어찌하여 만족시켜주지도 못할 것을 위해 애쓰느냐? 내 말
을 잘 들어라. 그러면 너희가 영혼을 살찌우는 음식을 먹게 될
것이라." (이사야 55:1-2)

"너희는 찾을 만한 때에 여호와를 찾아라. 가까이 계실 때에
여호와를 불러라. 악한 사람은 그 길에서 돌이키고, 죄인은 자
기의 악한 생각을 버려라. 여호와께 돌아오너라. 그러면 여호
와께서 자비를 베푸실 것이다. 우리 하나님께 돌아오너라. 그
러면 여호와께서 너그럽게 용서하실 것이다." (이사야 55:6-7)

예수님이 제안하시는 구원의 초청에도 아무런 제한이나 제
약이 없습니다.

"무거운 짐을 지고 지친 사람은 모두 나에게 오너라. 내가 너
희를 쉬게 할 것이다." (마태복음 11:28)

만약 성경에 나타난 이러한 약속의 말씀들과는 달리 하나님
께서 모든 사람들이 구원받기를 원하는 것이 아니라면 하나님
의 초대는 진실하지 못한 것이 됩니다. 또한  모든 사람들에게

구원의 초청에 응답할 수 있는 의지적인 자유가 없다면 구원에 대한 하나님의 우주적인 초대란 아무런 의미가 없게 됩니다.

하나님의 구원의 초청에 응답할 수 있는 의지의 자유나 능력이 인간에게 없다면, 하나님의 초청은 거짓으로 판명되고, 인간은 구원을 선택할 의지의 자유가 없이 외부의 힘에 의해 움직이는 로봇이나 기계로 전락해버립니다.

## 자유의지론이 좋다?!

구원의 초청에 응하거나 거부할 수 있는 인간의 능력, 자유의지는 하나님을 도덕적으로 의로우신 분으로 만듭니다. 자유의지론은 영생 얻을 자를 무조건적으로 선택하는 불공평한 하나님에 대한 생각을 없앨 수 있습니다.

우리에게 있어 하나님은 인간의 선택을 존중하시는 인격적인 분이 됩니다. 편애하시지 않는 인격적인 하나님은 그 분 자신의 속성인 아가페적인 사랑과 그 성품이 일치하게 됩니다. 결국 자유의지론은 냉정하고 비인격적인 하나님을 인격적인 사랑의 하나님으로 전환시킵니다.

또한 인간 스스로의 의지로 어떠한 선택을 할 수 있는 능력을 갖고 있다는 것은 인간으로 하여금 책임감을 갖게 합니다. 만약 예수를 믿을 자가 이미 예정되었다면, 불신자들은 그 자신의 의지와 무관하게 하나님이 예정하신대로 예수를 믿지 못한 것입니다.

그렇다면 과연 불신자들이 예수를 믿지 않았다는 이유로 그들을 마지막 심판대에 세울 수 있겠습니까? 자유와 책임은 언제나 함께 갑니다. 그러므로 인간을 심판하시기 위해서는 하나님은 반드시 인간에게 자유를 부여하셔야만 하는 것입니다.

또한 자유의지는 정해진 운명을 믿으며 체념하는 사람들에게 자신의 운명을 스스로 개척하며 개선할 수 있다는 용기와 희망을 줄 수 있습니다.

## 인격적인 하나님이 바로 해답!!!

과연 하나님의 주권과 인간의 자유는 조화를 이룰 수 없는가? 이제부터 하나님의 주권과 인간의 자유가 조화를 이룰 수 있는지의 가능성을 살펴보겠습니다.

예정과 자유의지 사이의 갈등은 하나님이 인간을 인격적으로 대하신다는 믿음을 통해 해소될 수 있습니다. 하나님은 자신의 의지대로 계획하시고 실행하실 수 있는 전지전능하신 분입니다. 동시에 하나님은 인격적인 사랑의 하나님입니다. 따라서 하나님은 인간의 미래를 예정하셨지만 영원 전부터 영벌을 받을 자를 미리 선택하실 정도로 잔인한 하나님은 아니십니다. 그래서 하나님은 인간을 로봇이나 기계처럼 만드신 것이 아니라 자신과 사랑의 교제를 나눌 수 있는 인격적인 존재로 만드셨습니다.

계획을 세우는 것과 계획대로 진행하는 것은 항상 별개의 것입니다. 하나님은 인류의 미래를 자신의 의지대로 계획하셨지만 인간과의 인격적인 관계를 통해서 자신의 계획을 완성해나가십니다. 비록 하나님은 전지하시고 전능하시지만 인간과의 인격적인 관계를 위해 자신의 능력을 스스로 제한하시는 좋으신 하나님입니다.

예정과 자유의지는 우리 삶에 서로 달리 적용되어질 때 서로 모순되지 않습니다.

많은 사람들이 과거에 얽매여 삽니다. 예수님의 보혈로 과거의 죄를 용서받았음에도 불구하고 스스로 자책감에 시달리며 살아가는 사람들이 있습니다. 과거에 묶여 사는 사람들에게 필자는 예정론이 특효약이라고 생각합니다.

과거에 어쩔 수 없이 행했던 실수나 과오들조차도 모두 하나님의 섭리 안에 있는 것입니다. 과거에 이혼한 사실, 사업을 부도낸 사건들이 미래로 향하는 당신의 발목을 붙잡는다면 당신은 하나님의 주권과 작정하심 속에 당신의 과거가 있음을 알아야 합니다.

인간은 미래를 염려하며 항상 걱정 속에서 살아갑니다. 이렇듯 미래를 걱정하며 살아가는 사람들에게 필자는 역시 예정론을 특효약으로 제시하고 싶습니다.

우리들은 우리를 향한 하나님의 계획을 믿어야 합니다. 하나님은 어떠한 특별한 계획과 목적을 가지고 당신을 이 땅에 보내셨기 때문에 당신의 미래는 하나님의 손 안에 있습니다. 그러므로 우리는 우리의 미래를 향한 하나님의 예정과 작정하심을 확신하는 가운데 담대하게 미래를 맞이해야 합니다.

## 자유의지론 – 두렵고 떨림으로 이루는 오늘의 구원

그렇다면 미래를 하나님께 맡기고 우리는 편안하게 현실에 안주해도 되는 것일까요?

이런 안일한 생각을 하는 사람들에게 또 다른 특효약을 제시하겠습니다. 그것은 인간의 자유의지입니다. 아무리 미래를 하나님께 내어 맡긴다고 하더라도 우리는 현재의 삶을 지혜롭게 살아야 합니다. 매순간마다 지혜롭고 현명한 선택을 해야 합니다. 무엇이 하나님을 기쁘시게 하는가를 살펴서 하나님을 기쁘시게 하는 선택만을 해야 합니다.

당신의 의지적인 선택이 하나님을 기쁘시게 할 수도 있고 반대로 하나님을 슬프게 할 수 있습니다. 그렇기 때문에 현재가 중요합니다. 지금 당신의 의지적 선택이 당신의 운명을 좌우합니다. 어쩌면 예정론은 우리의 삶의 현실과는 전혀 무관한 것입니다. 예정론은 우리가 숱한 어려움과 고통의 시간을 지난후에 지난날들을 뒤돌아보며 그동안 우리의 삶을 순간순간 지켜주시고 보호해 주신 하나님의 은혜와 은총에 대한 신앙고백인 것입니다.

결국 우리는 우리의 삶에서 하나님의 예정에 대한 확신과 믿음은 과거와 미래에 적용하고, 우리의 현재적 순간에는 인간의 자유의지와 그로 인한 책임의식을 적용하면 됩니다. 이러한 적용을 통해 예정과 자유의지 사이의 긴장과 갈등은 우리의 삶을 통해 조화로운 관계로 승화될 수 있습니다.

1. 과연 인간의 운명은 미리 정해진 것인가?

   아니면 전적으로 인간의 의지에 달린 것인가?

2. 과연 하나님은 천국에 갈 자와 지옥에 갈 자를 미리 선택하셨는가?

   과연 구원은 예정인가? 아니면 자유의지, 곧 인간의 자유로운 선택인가?

   기독교적인 예정론에 대한 당신의 입장을 말하여 보라.

3. 성경에 나타난 예정론과 자유의지론은 무엇인가?

　예정론의 장점과 단점은 무엇인가?

　인간 자유의지론의 장점과 단점은 무엇인가?

4. 과연 하나님의 주권과 인간의 자유의지는 조화를 이룰 수 없는가?

# 2

Stories of the People Who Are Blessed By God

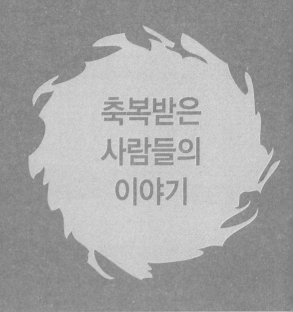

축복받은
사람들의
이야기

당신은 선택된 존재인가?

세상에 하나 밖에 없는 유일한 명품 - '나'

성공적인 삶

당신을 향한 하나님의 계획은 무엇인가?

비전을 보여주는 창조목적

우리에게 있어 삶의 우선순위는 무엇인가?

God will make a way

지구상에는 수십억의 사람들이 살고 있습니다. 우리는 자신이 수십억 사람들 중 단지 한 사람에 불과하다는 사실로 인해 자신의 존재에 대한 가치나 소중함을 느끼지 못할 수도 있습니다. 세상은 그야말로 인산인해입니다. 여름에 바닷가에 가면 정말 사람에 치인다는 표현이 옳을 것입니다. 만약 당신이 출퇴근 시간에 서울 지하철 1호선을 타게 되면 당신이 그 자리에 있다는 사실이 곤혹스러울 것입니다.

이럴 때 우리는 사람이 싫어지기도 합니다. 더 나아가 우리 자신이 그렇게 많은 사람들 중의 한 사람이라는 사실에 나 자신이 무가치하게 느껴질 수도 있습니다.

### 깨물어 아프지 않은 손가락이 있는가?

어느 시골 마을에 가난한 농부가 7명의 아이들과 살고 있었습니다. 하루끼니도 제대로 먹이지 못하는 처지여서 그의 절친한 친구에게 한명을 입양을 보내기로 하고 집으로 들어왔습니다. 그는 아내와 함께 누구를 보내야 할 것인가를 의논을 하기 시작했습니다. 첫째는 장남이라 안 되고, 막내는 젖먹이라 안 되고, 둘째는 잠버릇이 고약해서 미움을 받을 까 안 되고, 셋째는 고집이 세서 안 되고, 넷째는 허약해서 안 되고..... 결국 보낼 아이가 한 명도 없었습니다. 급기야 그들은 서로를 부둥켜안고 울고 말았습니다.

이처럼 하나님의 눈에도 한 사람 한 사람이 소중합니다. 왜냐하면 하나님이 특별하게 계획해서 그들을 이 땅에 보내셨기 때문입니다. 알고 보면 이 세상에는 필요 없는 사람이 단 한 사람도 없습니다. 모든 것이 하나님의 계획과 목적 아래서 창조된 것입니다.

하나님은 창세전부터 당신을 계획하셨습니다. 당신이 세상에 태어난 것은 실수나 우연이 아닙니다. 당신이 세상에 태어난 것은 하나님이 당신을 이 세상에 보내셨기 때문입니다. 혹시 당신의 부모님이 아무런 계획 없이 당신을 출산하였다고 하더라도 하나님은 당신을 계획하셨습니다.

당신의 탄생은 결코 우연이 아닙니다. 자신이 출생할 확률을 생물학적으로 계산해보면 당신은 깜짝 놀랄 것입니다. 그 계산은 남성의 고환에서 생성되는 정자의 숫자에다 여성이 평생 배출하는 난자 수를 곱하고 그 다음에 여러분의 형제자매의 숫자를 나누면 됩니다. 참고로 매일 남성의 고환은 한국 인구의 10배에 달하는 정자를 만들어 내고 여성은 초기에 10만개 정도의 난자를 보유하다가 사춘기가 되면 4000개 정도의 난자를 보유하고 가임기간 동안 이중에서 선택적으로 대략 500개 정도의 난자를 배란합니다.

당신이 태어날 확률을 이렇게 계산한다면 한마디로 천문학적인 비율의 숫자가 나옵니다. 결국 계산이 불가능한 것입니다. 수학적으로 확률을 계산하느니 차라리 "하나님이 나를 이 세상에 보내셨어요."라고 고백하는 것이 나을 것입니다.

## 세상에 하나 밖에 없는 유일한 명품- '나'

독일의 히틀러는 가스실에서 유태인을 죽이고 그것으로 비누를 만들었습니다. 만약 한 사람을 비누로 만들어 그 값을 계산하면 얼마일까요? 아마도 몇 천 원 정도일 것입니다.

그러나 인간에게는 영혼이 있습니다. 영혼이 들어있는 우리의 신체는 돈을 주고도 살 수 없는 너무나도 값비싼 것입니다. 영혼이 깃들어 살아있는 우리 신체의 한 부분도 수백억을 주고도 살 수 없는 것입니다. 하나님이 우리를 이렇게 귀한 존재로 만들기 위해 얼마나 심혈을 기울였는지를 우리는 깨달아야 합니다.

이제 우리 자신이 지닌 신체, 아니 하나님이 빚어주신 우리의 몸이 얼마나 귀하고 신비한지에 대하여 몇 가지 예를 들어 살펴봅시다.

1. 지문이 같을 가능성은 64,000,000,000대 1입니다. 그러므로 이 세상 사람들의 지문은 모두 다릅니다.

2. 자동차를 만드는 데에 13000개의 부품이, 747제트 여객기를 만드는 데에 3,000,000개의 부속품이, 우주 왕복선을 만드는 데에는 5,000,000개의 부속품을 필요로 하지만 우리 인간의 몸에는 100조개의 세포 조직이 있고, 25조개의 적혈구와 250억 개의 백혈구가 있습니다. 심장은 1분에 4.7리터의 피를 퍼내고 혀에는 9,000개 이상의 미각세포가 있습니다.

3. 성인의 보통 머리카락의 숫자는 10만개이다. 수염은 3만 개, 잔털은 30만개입니다.

4. 인체의 피부면적은 15,000 cm2 이다. 땀구멍은 500만개 이며, 신경종말은 1천만 개, 뇌세포는 230억 개, 세포 수 는 100조개, 분자 수는 39,000,000,000,000,000,000,000백 만 개입니다.

5. 한 인간이 살아 있는 동안 평균 280,000,000번 심장 박동 을 하고 약 2,270,000리터의 피를 펴낸다. 하루에도 주먹 만 한 심장은 약 300리터의 피를 펴내고 있는 것입니다.

6. 혈관의 길이는 120,000Km, 경부고속도의 길이가 왕복 900km 이니까, 이 길이는 경부고속도로를 133번 왕복할 수 있는 길이이다. 지구의 둘레가 40,008km이니까, 인간 의 혈관을 한 줄로 이으면 지구를 3바퀴 감을 수 있습니다.

7. 눈의 근육은 24시간 동안 약 100,000번 움직입니다. 다리 가 이 정도의 운동을 하려면 적어도 80Km는 걸어야 합니 다.

우리는 아주 귀한 몸을 선물로 받은 선택된 존재입니다. 지구 상의 모든 사람들의 얼굴이 다르고 지문도 다르다고 하지 않습니까! 당신을 이 땅에 보내신 하나님은 유일무이한 존재로 당신을 선택하신 것입니다.

이제 우리는 우리 자신을 학대하거나 평가절하 하면 안 됩니다. 또한 다른 사람과 비교하지도 말아야 합니다. 그것이 하나님을 기쁘시게 하는 것입니다. 우리는 각자 모두 하나님의 특별하신 계획과 섭리 속에서 태어난 것입니다. 따라서 만약 우리가 우리 자신만이 지닌 독특성을 살린다면 분명히 세계 최고의 존재가 될 수 있습니다. 하나님이 당신에게만 주신 특별한 선물이 반드시 있습니다. 그것을 먼저 확인해야 합니다.

## 성공적인 삶

그렇다면 이제부터 당신은 하나님이 당신에게 주신 달란트를 찾아야 합니다. 그러면 당신은 분명히 성공하는 사람이 될 것입니다. 기독교적인 성공은 하나님이 당신을 위해 설계한 계획을 당신이 이루는 것입니다. 그러므로 하나님께서 당신을 이 땅에 보내신 소명을 알기 위해서 당신은 반드시 하나님을 만나야 합니다.

더 이상 방황하지 마십시오. 당신이 아무리 많은 일을 하고 세상적으로 성공을 해도 그것이 하나님의 계획과 목적에 따르는 것이 아니라면 당신의 인생은 헛수고일 뿐입니다. 그래서 토마스 칼라일은 이렇게 말합니다. "목적이 없는 사람은 키 없는 배와 같다. 한낱 떠돌이요, 아무것도 아닌, 인간이라 부를 수 없는 사람이다."

## 당신을 향한 하나님의 계획은 무엇인가?

### 못생긴 사람

러시아에 한 사내아이가 태어났습니다. 소년은 자라면서 자신의 외모에 대해 심한 콤플렉스를 갖게 되었습니다. 너무 넓은 코와 두터운 입술, 작은 눈과 긴 팔다리가 원망스러웠습니다. 소년은 외모 때문에 행복한 삶을 살 수 없을 것이라고 절망했습니다. 그는 어느 날 하나님께 간절히 기도했습니다.

"하나님께서 기적을 베풀어주소서. 저의 외모를 아름답게 변화시켜주시면 나의 모든 것을 바쳐 하나님을 기쁘게 해드리겠습니다."

그러나 소년에게는 아무런 변화도 일어나지 않았습니다. 그러나 그는 장성하면서 문학에 대한 천재적인 소질을 발휘하기 시작했습니다. 그리고 오랫동안 자신을 괴롭혀온 `외모 콤플렉스'를 단숨에 해결하는 해답을 얻었습니다. 그는 문학을 통해 완벽한 미를 창조하는 사람이 되었던 것입니다. 이 소년이 바로 러시아의 대문호 톨스토입니다. 톨스토이를 "러시아의 대문호"로 기억하는 사람은 있지만 지금까지 그를 `못생긴 사람'으로 기억하는 사람은 아무도 없습니다.

톨스토이의 외모 콤플렉스는 하나님과의 교제를 통해서 아름답게 승화될 수 있었습니다. 그의 외모 콤플렉스는 그로 하여금 사람의 아름다움은 외모에 있지 않다는 것, 즉 진정한 아름다움은 내면에 있다는 것을 깨닫게 하였습니다. 이러한 깨달음은 이웃에 대한 사랑과 깨끗한 인격으로 성숙되고 승화될 수 있었습니다.

결국 우리가 갖고 있는 모든 결점이나 문제점도 하나님의 계획안에 있습니다. 우리는 하나님을 믿어야 합니다. 그리고 그분께 물어야 합니다. 과연 무엇이 나를 향한 하나님의 계획이며 목적인지 말입니다.

우리의 신체 부위 중 아무리 사소한 것이라도 생존을 위해서 반드시 필요한 것처럼  이 세상에 존재하는 사람들 중 쓸모가 없는 사람은 없습니다. 문제는 각 사람의 용도가 어디에 있느냐를 찾는 것입니다. 요즈음 최고 경영자는 각자의 재능에 따라 적절하게 사람들을 배치할 줄 아는 사람입니다.

미국에서 어떤 사람이 자동차를 운전하고 가다가 엔진 고장으로 고생을 하고 있었습니다. 길가에 차를 세워놓고 어쩔 줄을 모르고 있었는데 우연히 그 길로 운전하고 가던 어느 노신사가 차를 멈추었습니다. 그리고는 그 고장 난 차 엔진의 뚜껑을 열고 유심히 살피더니 자신의 차에서 가져온 연장으로 이리저리 고쳤습니다.

결국 그 차의 시동이 걸렸습니다. 너무 신기한 나머지 그 사람이 노신사에게 물었습니다. "당신은 어떻게 이 차를 그렇게 간단하게 고치셨습니까?" 노신사가 대답했습니다. "바로 제가 이 차를 설계한 포드입니다."

자동차를 설계한 포드가 자동차의 부품들을 적절히 배치하고 조절하여 고장을 고쳤듯이 우리를 창조하신 하나님은 우리를 가장 잘 아시기 때문에 우리의 삶을 올바르게 인도하고 교정하실 최적의 분이십니다.

따라서 하나님의 목적과 계획을 좇아 그것을 이루는 과정은 그 자체로 행복한 삶입니다. 하나님의 계획을 잘 따르기만 하면 만족할 만한 인생이 펼쳐집니다.

그러나 대부분의 사람들은 사업의 성공만이 인생의 전부라고 생각하는 경향이 강합니다. 하나님을 전혀 의식하지 않은 채 자신이 원하는 방법과 계획대로 세상적인 성공을 위해 몸부림을 칩니다. 때론 성공하지만 그 결과는 그리 만족스럽지 못합니다. 오히려 허무감과 소외감을 느끼는 경우도 많습니다. 왜냐하면 하나님의 계획과 전혀 다르게 살았기 때문이죠.

## 우리에게 있어 삶의 우선순위는 무엇인가?

하나님은 당신을 향한 계획과 목적을 갖고 계십니다. 그것을 알게 되면 당신이 해야 하는 일이 아주 단순해지고 명확해집니다. 이 세상을 살아가면서 잡다하고 쓸데없는 일들에 시간을 낭비할 필요가 없습니다.

정말로 우리의 생애는 아주 짧습니다. 하나님의 계획에서 벗어난 쓸데없는 일에 시간을 낭비해서는 안됩니다. 이제 남에게 보여주는 삶이나 남과 비교하며 경쟁하는 소모적인 삶에서 벗어나십시오.

당신의 인생은 하나님과 당신, 바로 둘만의 일입니다. 하나님은 계획을 세우시고 우리는 그 계획을 이루어 나갑니다. 이제 기도의 의미도 분명합니다. 무엇이 하나님의 계획이며 뜻인지를 묻는 것이 기도의 목적입니다. 하나님의 음성을 듣기 위해 성경말씀을 보며 기도하는 시간을 늘리는 것은 매우 지혜로운 일입니다. 우리는 아무리 바쁘고 시간이 없어도 기도해야 합니다.

"분별없이 어리석은 자가 되지 말고 주님이 원하시는 것이 무엇인지 배우도록 노력하십시오." (엡 5:17)

우리는 하나님이 말씀하시는 데로 순종해야 합니다. 왜냐하면 하나님의 계획이 우선순위이기 때문입니다. 우리가 하나님의 계획을 따를 때에 하늘에서 내려오는 기쁨과 평안이 넘칩니다. 하나님의 계획을 묻고 그 계획을 따르는 삶은 정말 행복합니다.

## God will make a way

자신이 가야 할 길을 아는 사람만큼 평안하고 차분한 사람이 없습니다. 자신의 할 일만 하나씩 이루어나갑니다. 다른 사람과 비교할 것도 없습니다. 우왕좌왕하지도 않고 초조해하지도 않습니다. 이것은 자신이 무엇을 해야 하는지를 아는 사람들의 특징인 것이지요.

하나님을 가장 사랑하고 그 분에게 우리의 모든 것을 드려야 합니다. 그러기 위해서 이제부터 우리는 하나님의 음성에 귀를 기울여야 합니다. 그 분이 원하시는 것을 해야 합니다. 그러나 인간의 관점에서 하나님의 장기적인 계획을 알기는 결단코 쉽지 않습니다.

"사람이 장래 일을 알지 못하나니 장래 일을 가르칠 자가 누구이랴" (전 8:7)

"사람이 알지 못하는 것은 모두 그 미래임이니라." (전 9:1)

그러므로 우리는 순간순간 하나님께 의지해야 합니다.

"너의 행사를 여호와께 맡기라. 그리하면 너의 경영하는 것이 이루리라." (잠 16:3)

때가 찰 때에야 비로소 하나님은 자신의 계획을 우리에게 알리시는 분이십니다. 이것이 하나님의 방법인 것이지요. 우리는 속 시원하게 하나님의 모든 계획을 미리 알고 싶어 합니다. 그러나 그것은 인간의 욕심입니다. 더군다나 하나님의 모든 계획을 미리 알게 된다면 인생은 무미건조하고 재미없는 삶으로 전락되어질 수 있습니다. 하나님과의 진한 사랑의 교제도 필요없게 되지요. 하나님께서 원하시는 것은 하나님이 세우신 계획을 우리와 함께 하나씩 이루어나가는 것입니다.

"너는 내게 부르짖으라. 내가 네게 응답하겠고 네가 알지 못하는 크고 비밀한 일을 네게 보이리라." (렘 33:3)

하나님은 반드시 당신의 기도에 응답하시는 분이십니다. 그리고 당신을 향한 자신의 계획을 알리시는 분이십니다. 때론 정말 가슴 벅찬 하나님의 계획을 듣고 당신은 소스라치게 놀랄 수도 있습니다.

1846년 목사가 되겠다고 지원하는 한 젊은이에게 의사는 "이런 병약한 몸으로 목회를 하려면 1년 후에는 죽을 것입니다. 포기하고 요양이나 하십시오."라고 말했습니다. 그러나 젊은이는 순교한다는 각오로 복음을 증거 했고, 불우한 이웃을 위해 구제 사업을 펴는 가운데 무려 84세까지 살았습니다. 그가 바로 구세군의 창설자 윌리엄 부스입니다. 그는 이렇게 말했습니다.

"젊었을 때 의사가 나를 버렸으므로 나도 의사를 버렸습니다. 그리고 전능하신 하나님만을 의지했죠. 이 믿음이 나를 지켜주었습니다."

이제부터 당신도 살아계신 하나님을 기대하십시오.

하나님은 반드시 당신에게 말씀하실 것입니다.

# 토론 사항

1. 과연 당신은 사랑받기 위해 태어난 사람인가?

2. 당신을 향한 하나님의 계획을 믿는가?

3. 만약 당신이 하나님께 선택을 받은 사람이라면,
   당신의 삶의 우선순위는 무엇인가?

4. 어떻게 하면 하나님의 계획과 당신의 계획이 일치할 수 있는가?

* 본 소고는 예정론과 자유의지에 관한 신학적인 글입니다. 조금 이해하기가 어려울 수 있어서 부록으로 첨부하오니 혹시 예정론에 관하여 좀 더 깊이 알고 싶은 분들만 읽으시면 좋겠습니다.

어거스틴(A.D.354-430)은 인간의 구원이 전적으로 하나님의 은총으로만 가능하다고 주장했습니다. 다시 말해 인간의 구원은 전적으로 하나님의 의지와 작정하심에 달려있다는 것입니다. 하나님은 영원 전부터 구원받을 자를 선택하셨기 때문에 인간의 구원은 그들의 선행이나 자유의지에 있지 않고, 다만 하나님의 의지에 속한다는 것이지요. 이러한 어거스틴의 예정론은 수도사 펠라기우스와의 논쟁을 통해 발전되어졌습니다.

펠라기우스(A.D.354-418?)는 영국출신의 경건한 수도사로서 인간의 자유의지를 부각시킨 신학자입니다. 그는 인간에게 선이든 악이든 자신이 원하는 대로 선택할 수 있는 능력이 있다고 보았습니다. 만약 인간이 선이나 악을 택할 수 있는 자유의지를 소유하고 있지 않다면 우리는 우리의 행위에 대해서 책임을 질 필요가 없다는 것이죠. 펠라기우스는 아담과 하와가 지은 원죄적 사건을 역사적인 사건으로 인정하지 않았습니다. 그리고 그와 동시에 원죄의 유전도 역시 거부하였습니다.

  결국 그는 죄를 타락한 본성의 탓으로 보지 않고 인간의지에 대한 책임으로 보았던 것입니다. 결과적으로 펠라기우스의 이런 사상은 인간의 죄를 용서하시려고 아들을 이 땅에 보내신 하나님의 사랑을 아무런 의미가 없도록 만들게 되고, 인류의 죄를 위한 예수님의 죽음도 아무런 쓸모가 없어지게 만듭니다. 펠라기우스에게 있어 하나님의 은총이란 인간에게 스스로 선을 선택할 수 있는 자유의지를 주신 것입니다. 이런 그의 생각은 결국 예수 그리스도를 하나의 도덕적 모범을 보이신 위대한 성자나 스승으로 전락시키게 됩니다.

  어거스틴은 이러한 펠라기우스의 사상을 전적으로 반대하였습니다. 어거스틴은 최초의 인간이 창조된 그 때에는 사람이 완전한 의지의 자유를 가지고 있었다고 보았습니다. 하지만, 이러한 자유의지는 타락 가능성을 포함하고 있었고, 결국 인간의 자유의지는 최초의 죄, 곧 원죄를 자초하고 말았습니다. 이 타락으로 인해 인간은 선을 선택할 수 있는 능력의 원천인 자유의지를 잃어버렸습니다. 이제 인간은 죄를 짓지 않을 수 있는 자유의지를 상실하였고, 죄를 지을 수밖에 없는 상태로 전락해버린 것입니다. 결과적으로 인간이 가진 유일한 자유는 죄에 대해서만 자유로운 것이었습니다. 쉽게 말해, 죄를 지을 자유 밖에 남질 않았다는 것이지요.

어거스틴은 원죄로 인해 타락한 마음은 그 자손들에게 유전된다고 보았고, 그로 인해 모든 인간은 아담의 죄책을 공유한다고 주장하였습니다. 이러한 원죄교리는 아담 안에서 인류가 하나라는 주장을 전제로 합니다. 인간 구원의 유일한 근원은 예수 그리스도의 사역에 있습니다. 그리스도는 우리의 죄를 대속하셨고, 우리는 그를 믿는 믿음을 통하여 하나님의 용서의 은총을 경험하게 됩니다. 그리스도를 통한 죄의 용서로 인해 인간이 가진 죄책은 제거되어지고, 이제 하나님과의 교제도 가능해진 것입니다. 결과적으로 그리스도를 통해 하나님의 은총을 입게 된 성도들은 하나님의 명령에 순종할 수 있는 자유의지를 회복하게 된다는 것입니다.

예수 그리스도를 통해 얻어지는 죄의 용서는 인간의 공로와 상관이 없는 오직 믿음에 의한 것입니다. 그리스도를 통한 인간 구원의 유일한 근거는 전적으로 하나님의 은혜인데, 이 은혜는 하나님의 의지, 곧 사랑하려는 의지에서 말미암은 것입니다. 사랑의 의지로서 하나님의 은혜는 전능성을 가지는데, 이는 인간의 구원이 전적으로 하나님의 의지와 작정에 달려있음을 암시합니다. 이는 하나님께서 영원 전부터 구원받을 특정한 인간들을 선택하셨다는 예정교리로 이어집니다.

이는 어거스틴 자신이 경험했던 것처럼, 선택받은 자들은 언젠가는 구원을 받을 것이라는 믿음입니다. 또한 선택된 자들의 믿음을 유지시켜주신다는 견인의 은총도 그는 주장했는데, 이는 선택된 자들에게 예수를 믿을 수밖에 없는 "불가항력적 은총"이 임한다는 생각으로 이어졌습니다. 더 나아가 어거스틴은 교회 밖에서도 예정된 자들은 발견될 수 있다고까지 주장하였는데, 이는 그의 이중예정사상으로 발전되어졌습니다.
〈벵트 헤그룬트, 신학사, (성광문화사, 1989), 153-92 참조.〉

존 칼빈 (1509-1564, 장로교를 창시한 프랑스 출신의 개신교 신학자이자 종교개혁자) 은 어거스틴의 예정론을 더욱 심화시켜 완성하였습니다. 그는 전 인류가 죄로 타락해 있다고 보았습니다. 이는 아담과 하와가 지은 원죄가 유전된 것으로 모든 인간은 너무나 죄악된 존재이어서 하나님의 어떠한 은총에도 반응을 보일 수 없음을 보여줍니다. 즉 원죄로 인한 인류는 전적으로 타락하였고 그로 인해 인간은 전적으로 무능력하다는 생각이 칼빈주의 예정론의 출발점인 것이죠.

칼빈의 예정론은 하나님의 주권사상에 의해 뒷받침되어집니다. 하나님은 자신이 원하시는 것을 무엇이든지 자신의 뜻을 따라 자유롭게 행하실 수 있습니다. 또한 인간은 하나님께서 하시는 일을 판단할 자격이 없습니다. 하나님은 특별한 은총을 가지고 어떤 사람들을 선택하십니다. 이러한 칼빈의 선택사상은 인간의 "전적인 무능력"이라는 개념과 하나님의 "절대적 주권"이라는 개념에 의해 기초되어집니다. 칼빈의 선택사상에서 우리가 가지는 주된 관심은 하나님이 어떤 사람을 영생을 얻도록 선택하셨는가 하는 선택의 문제입니다. 〈밀라드 에릭슨, 조직신학개론 (기독교문서선교회, 2001), 490-95. 참조〉

칼빈의 예정론은 그의 추종자들에게 다음과 같이 정리되었습니다.

1. **전적 부패 (Total Depravity):** 모든 인간은 전적으로 타락했기 때문에 자신의 선행으로 하나님 앞에 나아갈 수 없다.

2. **무조건적 선택 (Unconditional Election):** 인간의 아무런

공로나 조건을 초월하여 하나님은 그 분의 뜻대로 그 분이 원하는 사람들을 선택한다.

3. **제한된 속죄 (Limited Atonement)**: 예수님의 죽으심은 오직 택함을 받은 자들을 위한 것이고, 그가 십자가에서 흘리신 보혈은 단지 택함을 받은 사람들의 속죄를 위한 것이다.

4. **불가항력적 은혜 (Irresistable Grace)**: 택함을 받은 자는 결국 하나님의 은혜를 거부하지 못하게 된다. 택함을 받은 자는 결국에는 예수를 믿게 된다.

5. **성도의 견인 (Perseverance of the Saints)**: 택함을 받은 자는 일생토록 예수에 대한 믿음을 지킬 수 있도록 하나님이 지켜주신다.

이러한 칼빈주의 예정론은 다음과 같은 5가지 특징을 가집니다.

첫째로 선택은 하나님의 주권적인 뜻이거나 하나님께서 기뻐하시는 선하신 뜻이다.

둘째로 선택은 효력이 있다. 하나님께서 택하신 자들은 분명히 예수를 믿는 믿음의 자리로 나아올 것이고, 또한 그 믿음을 끝까지 지켜줄 것이다.

셋째로 선택은 영원 전부터이다. 특정한 사람들의 선택은 하나님께서 영원 전부터 그렇게 하시기로 의도하셨던 것이다.

넷째로 선택은 무조건적이다. 선택이란 선택된 사람들의 아무런 조건이나 근거도 없이 단지 그들을 구원하시기를 원하시기에 그렇게 하시는 것이다.

마지막으로 선택은 불변한다. 하나님은 선택된 자들을 향한 자신의 마음이나 계획을 바꾸지 않으신다. 〈스텐리 그랜즈, 조직신학 (크리스챤 다이제스트, 2003), 646-56. 참조〉

이러한 칼빈주의 예정론은 영어 단어의 첫머리 글자들로 만든 TULIP 이라는 단어로 외우면 쉽게 기억될 수 있습니다.

본래 칼빈주의자이었던 알미니우스(1560-1609)는 칼빈의 예정론이 하나님을 모든 죄의 근원자로 만드는 것이라고 생각하게 되었습니다. 그래서 선택과 유기라는 칼빈의 이중예정론을 거부하고, 은혜로 주어진 구원의 은총을 인간 스스로가 선택할 수 있다는 자유의지론을 강조하게 되었지요. 알미니우스의 자유의지론은 다음과 같이 요약될 수 있습니다.

## 1. 부분적 타락 (Moral Depravity)

예수님이 인류를 죄를 위해 십자가에서 돌아가신 후 하나님이 형상이 부분적으로 회복되었다. 그래서 인간은 하나님의 초청에 응할 수 있는 자유의지가 있다.

## 2. 조건적 선택 (Conditional Election)

하나님은 그의 전지하신 능력으로 앞으로 누가 믿을 자인가를 미리 알아서 구원받을 자와 구원받지 못할 자를 선택하셨다.

## 3. 제한 없는 속죄 (Unlimited Atonement)

예수님의 죽으심은 온 인류를 위한 것이고, 그의 십자가의 보혈은 모든 사람들의 속죄를 위한 것이다.

## 4. 거부할 수 있는 은총 (Resistable Grace)

인간이 하나님이 주신 자유의지로 구원의 초청에 응할 수도 그리고 거부할 수도 있다.

## 5. 확신의 견인 (Perseverance of Assurance)

믿음의 확신이 없는 자는 비록 예정된 자라도 타락할 수 있다.

알미니우스의 자유의지론의 특징은 다음과 같습니다.

첫째로 하나님께서는 모든 사람들이 구원받기를 원하신다는 개념이 알미니우스의 자유의지론의 출발점입니다.

둘째로 모든 사람들은 구원의 초청에 응할 수 있는 능력, 곧 자유의지를 소유하고 있다는 주장으로 인간에게도 책임이 있음을 강조합니다. 이를 위해 이들은 선행은총이라는 개념을 사용하는데, 선행은총이란 하나님께서 모든 사람들에게 햇빛과 비를 차별이 없이 베푸시는 것처럼 하나님은 모든 사람들에게 구원의 은총에 응할 수 있는 능력을 주셨다는 것입니다.

셋째로 하나님이 인간을 선택하시는 조건은 하나님의 미리 아심(예지)에 근거한 것입니다. (롬 8:29, 벧전 1:1-2)

넷째로 알미니우스의 자유의지론은 이론보다는 실제적 차원에서 칼빈의 운명론을 거부합니다. 알미니안들은 칼빈주의가 선교나 전도의 열정을 부정한다고 생각하기 때문입니다.

감리교의 창시자, 요한 웨슬리 (1703-1791)는 휫필드와 함께 영국의 영적인 대 부흥운동을 일으키며 깊은 영적 침체에 빠진 영국을 구한 사람입니다. 웨슬리는 극단적 칼빈주의자들의 이중예정론이 사람들로 하여금 운명론에 빠져 오히려 하나님의 은총으로부터 멀어져 가는 것을 목격하였습니다. 성도들이 가진 선교나 전도의 열정을 부정하게 되는 아주 중요한 신학적 근거가 바로 불가항력적인 은혜와 성도의 견인을 주장하는 칼빈의 이중예정론이었습니다. 그래서 웨슬리는 칼빈의 예정론을 부정하고 알미니우스의 자유의지론을 따르게 된 것입니다. 하지만 우리가 알아야 할 것은 웨슬리나 알미니우스, 두 사람 모두 펠라기우스보다는 칼빈주의에 더 가깝다는 것입니다. 이들은 펠라기우스가 원죄의 역사성을 거부하거나 원죄의 유전을 거부하는 것을 동조하지 않는다는 것입니다. 또한 예수를 구세주로 인정하지 않고 단지 인류의 위대한 스승이나 성자로 취급하는 것도 받아들이지 않는다는 것입니다.

웨슬리와 알미니우스가 부정하고 싶었던 것은 선택과 유기를 앞세우는 이중예정론과, 그로 인해 하나님을 죄의 창시자로 전락시키는 것이었습니다. 불가항력적 은혜와 성도의 견인과 같은 믿음으로 인해 하나님의 은총을 수용하거나 거부할 수 있는 인간의 자유의지를 박탈시키는 것 또한 부정한 것입니다.

또한 그로 인해 많은 사람들이 운명론이나 숙명론에 빠져 전도나 선교의 열정을 상실하는 것을 부정한 것이고요. 그럼에도 불구하고, 웨슬리와 알미니우스 두 사람 모두 원죄 사건의 역사성, 원죄의 유전을 믿으며, 인간의 죄성 그리고 예수 그리스도를 통한 구원의 은총을 주장한다는 면에서 칼빈의 예정론과 궤를 같이 한다고 볼 수 있습니다. 단지 구원의 은총에 반응할 수 있는 인간의 자유의지를 보장하려는 시도가 바로 가장 큰 차이점이라는 것입니다. 물론 이로 인해 하나님을 죄의 창시자로 간주되는 것을 막으려는 시도도 마찬가지이구요.

칼빈의 예정론과 웨슬리의 자유의지론의 갈등에 대하여 박창훈 교수는 다음과 같이 주장합니다.

"존 웨슬리는 분명 예정론에 대항하는 노력으로 그의 신학을 발전시켰다. 그는 존 칼빈보다 200여년 후대의 사람이었고, 그만큼 현대와 가까운 사람이었다. 다시 말해 칼빈보다는 웨슬리가 이성을 강조하는 현대적인 사고에 가깝다는 이야기이다. 그래서 서로 다른 시대를 살았던 두 사람의 글을 바로 대조하면서 옳고 그름을 따지는 것은 훌륭한 개신교 전통을 세운 신학자들 모두에게 잘못하는 것이요, 혹시 아직까지도 남아있을 독

선과 오류에 동참하는 일이 될 것이다."

어쩌면 칼빈주의 복음주의자들과 함께 한 동역을 의식해서
인지는 모르겠지만, 웨슬리는 그의 생전에 칼빈주의와 자신의
신학은 "머리카락 두께의 차이"라고 강조했다고 합니다.
〈박창훈, "예정과 자유의 평행선," 활천, 2005년 11월호, 61.〉

결론적으로 우리는 예정론과 자유의지론 중에 어느 것이 옳
다고 쉽게 단정을 지을 수 없습니다. 그 이유는 인간의 지식이
유한하고 하나님은 무한하시기 때문입니다. 여기서 우리가 할
수 있는 최선의 선택은 단지 하나님의 주권과 예정된 계획을 믿
으며, 그 예정을 성취하기 위해 우리가 가진 자유의지를 최대
한으로 선하게 현재적으로 사용하는 것입니다.

결국 예정과 자유의지 사이에 얽힌 수수께끼는 사후에 하나
님 앞에 이르러서야 밝혀질 신비인 것입니다.

당신의
구원은 이미
정해졌는가?

당신의
구원은 이미
정해졌는가?

누가 우리를 그리스도의 사랑에서 끊으리요 환난이나 곤고나 박해나 기근이나 적신이나 위험이나 칼이랴 기록된 바 우리가 종일 주를 위하여 죽임을 당하게 되며 도살 당할 양 같이 여김을 받았나이다 함과 같으니라 그러나 이 모든 일에 우리를 사랑하시는 이로 말미암아 우리가 넉넉히 이기느니라 내가 확신하노니 사망이나 생명이나 천사들이나 권세자들이나 현재 일이나 장래 일이나 능력이나 높음이나 깊음이나 다른 어떤 피조물이라도 우리를 우리 주 그리스도 예수 안에 있는 하나님의 사랑에서 끊을 수 없으리라 (로마서 8: 35~39)

---

Who shall separate us from the love of Christ? Shall trouble or hardship or persecution or famine or nakedness or danger or sword? As it is written: "For your sake we face death all day long; we are considered as sheep to be slaughtered." No, in all these things we are more than conquerors through him who loved us. For I am convinced that neither death nor life, neither angels nor demons, neither the present nor the future, nor any powers, neither height nor depth, nor anything else in all creation, will be able to separate us from the love of God that is in Christ Jesus our Lord.